LA GRANDE IMAGERIE

MÉTIERS
de l'extrême

Alban
Brunet
Poupa

Conception
Émilie BEAUMONT

Auteur
Cathy FRANCO

Illustrations
Jacques DAYAN

FLEURUS

FLEURUS ÉDITIONS, 15-27, rue Moussorgski, 75018 PARIS
www.fleuruseditions.com

PILOTE DE CHASSE

Ce véritable chevalier du ciel est un soldat, officier de l'Armée de l'air, doublé d'un pilote hors pair, capable de piloter des avions de combat ultrarapides et sophistiqués comme le Mirage ou le Rafale. Il effectue des missions de surveillance, de reconnaissance, de dissuasion ou de combat. Parmi les pilotes de chasse, on compte une majorité d'hommes, mais aussi un petit pourcentage de femmes (moins de 5 %). Triés sur le volet, ils doivent être en parfaite condition physique et faire preuve d'un mental à toute épreuve.

Une sélection rigoureuse

Pour devenir pilote de chasse, une très bonne vue ainsi qu'une condition physique excellente sont nécessaires : le corps doit pouvoir supporter de fortes accélérations et même subir une éjection (voir page 7). Il faut être capable de maîtriser des avions très sophistiqués, à la pointe de la technologie, tout en ne perdant pas de vue sa mission de soldat. Une vigilance extrême et un sang-froid à toute épreuve sont de rigueur. En temps de guerre, l'avion peut être abattu à tout moment par un missile ou un autre avion. Il faut être très réactif et ne pas céder à la panique. C'est pourquoi la formation des futurs pilotes de chasse est extrêmement exigeante. Seule l'élite sort du lot.

Le casque du pilote de chasse intègre un masque à oxygène, car en altitude l'air se raréfie. La combinaison comporte de nombreuses poches pour ne rien laisser tomber dans le cockpit. Le tissu est résistant au feu.

Plus vite que le son !

Un avion de chasse vole à des vitesses incroyables. Certains, comme les Mirage, peuvent atteindre 2 700 km/h, soit plus de 2 fois la vitesse du son ! Avant de pouvoir piloter de tels avions, les élèves pilotes s'entraînent sur de petits avions rapides et puissants, puis sur un simulateur de vol (ci-dessous) qui reproduit à l'identique le cockpit de l'avion de chasse.

Le pilote de chasse de l'Aéronavale

Il opère depuis un porte-avions et reçoit une formation complémentaire appropriée aux contraintes de l'appontage et du décollage. En effet, pour décoller, l'avion doit atteindre une certaine vitesse. Or le pont d'un porte-avions est très court par rapport à la piste d'un aéroport. On utilise donc un système de catapulte qui projette littéralement l'appareil à 250 km/h en 2 secondes ! L'accélération est si violente que le pilote se retrouve plaqué sur son siège. Pour apponter, il doit arrêter l'avion sur une très courte distance en s'accrochant à des câbles tendus au-dessus du pont qui freinent l'appareil. C'est un exercice périlleux.

Sur la vitre du cockpit, le « visualiseur tête haute » permet de lire instantanément les indications de vitesse, de cap, d'altitude, sans perdre la piste de vue.

Un sang-froid à toute épreuve

Lors d'un combat, un avion peut être touché et même s'enflammer. Le pilote doit être extrêmement réactif et ne doit pas hésiter à tirer sur la poignée d'éjection située entre ses jambes ou au-dessus de son casque. Aussitôt, la verrière du cockpit est larguée, ou fragilisée, de manière à permettre l'éjection du siège. En 1 à 2 secondes, le siège se détache et un parachute s'ouvre.

ASTRONAUTE

Les premiers astronautes, dans les années 1960, étaient tous des pilotes de chasse chevronnés. Depuis, des scientifiques, des ingénieurs et même une institutrice, chargée de faire la classe depuis l'espace, ont été recrutés pour des missions spatiales, que ce soit sur la Lune ou dans des stations spatiales orbitales. Outre leurs compétences professionnelles, les candidats à l'espace doivent faire preuve d'un moral d'acier, d'une excellente condition physique et d'un solide esprit d'équipe. Après une sélection draconienne, ils s'entraînent durant de longs mois avant de partir en mission.

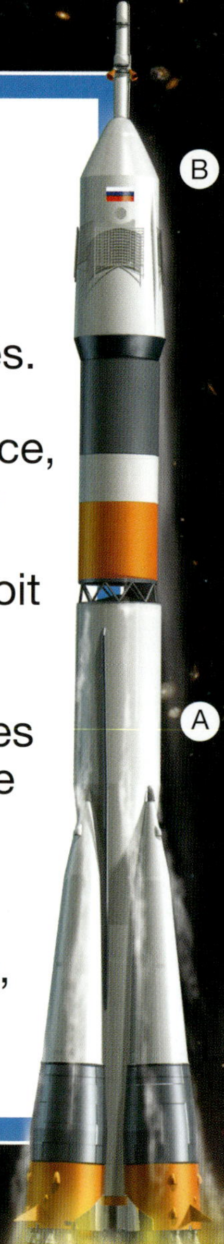

L'espace : un milieu extrême

Dans l'espace, il n'y a pas d'air pour respirer. En l'absence de gravité, cette force d'attraction de la Terre qui nous retient au sol, tout flotte : les hommes, les objets. L'astronaute ne sent plus son poids : on dit qu'il est en impesanteur. Impossible de sortir sans un scaphandre. Cette combinaison très épaisse le protège des variations extrêmes de température (de + 150 à – 120 °C) selon son exposition au Soleil. Elle lui permet aussi de respirer et est équipée d'une visière de protection contre les rayonnements dangereux.

À gauche, la fusée russe Soyouz qui emmène les astronautes vers la Station spatiale internationale. Elle est constituée d'un lanceur (A), surmonté d'une capsule (B) dans laquelle prennent place trois astronautes. Le décollage est très éprouvant, car le lanceur envoie toute sa puissance pour s'arracher de l'attraction terrestre.

La préparation des astronautes

Pour s'habituer aux sorties hors du vaisseau spatial et à l'absence de gravité, les astronautes s'entraînent dans de grandes piscines. Ci-dessous, on les voit effectuer, avec leur équipement complet, des réparations sur des maquettes en taille réelle de la Station spatiale internationale.

Pas de vol spatial sans passer par l'épreuve impitoyable de la centrifugeuse ! Cette capsule, dans laquelle prend place l'astronaute, est située au bout d'un long bras qui tourne de plus en plus vite autour d'un axe pour simuler les fortes accélérations que l'astronaute subira lors des phases de décollage et de retour sur Terre.

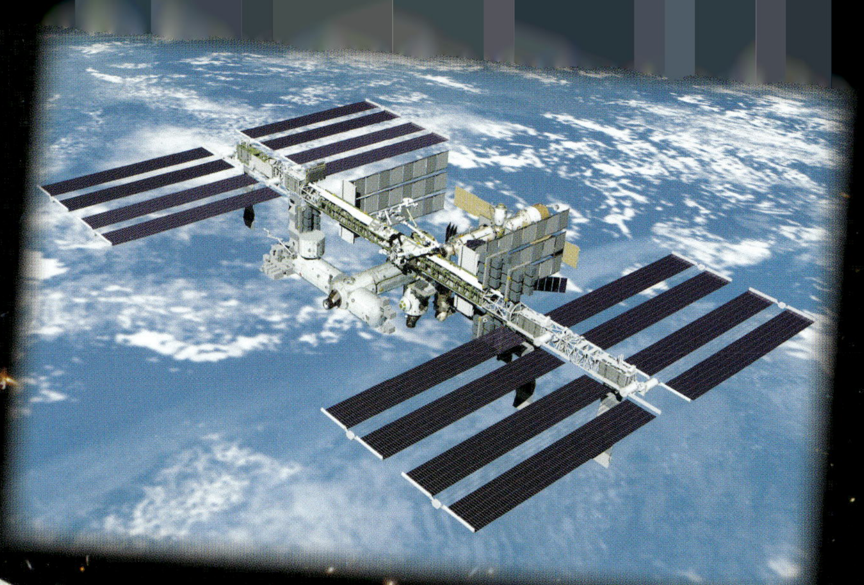

Vivre dans l'espace : à bord de l'ISS

À 400 km au-dessus de nos têtes, la Station spatiale internationale (ISS) est un immense laboratoire en orbite autour de la Terre où les astronautes séjournent plusieurs semaines. Ils y mènent de nombreuses expériences scientifiques (ils étudient le développement d'embryons végétaux et d'animaux en l'absence de pesanteur, par exemple), réparent et entretiennent la station... Par les hublots de l'ISS, ils assistent émerveillés au spectacle de la Terre avec ses variations de couleurs, les lumières des grandes villes la nuit. Comme l'ISS fait le tour de la Terre toutes les 90 minutes, ils voient le Soleil se lever et se coucher 16 fois par jour ! Une expérience inoubliable.

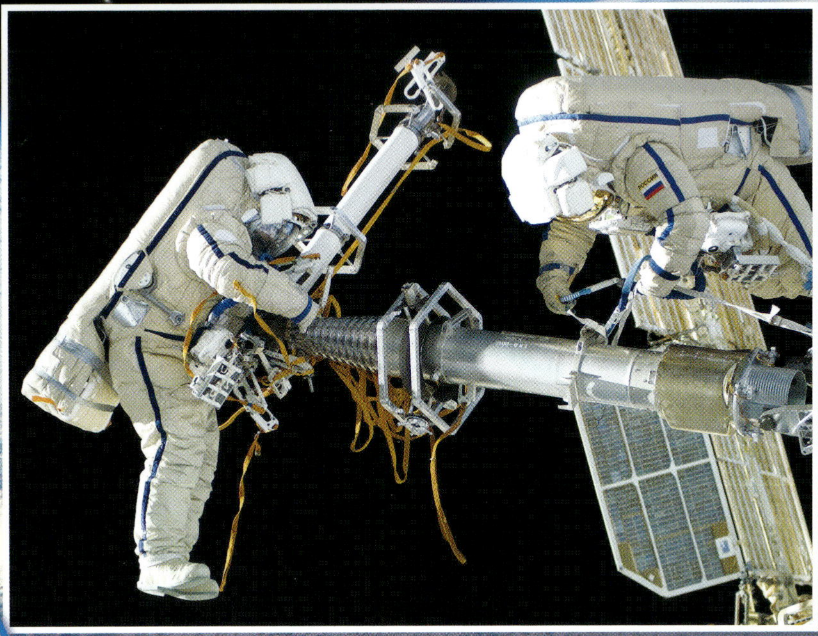

Lorsqu'ils travaillent à l'extérieur de la station (pour effectuer des réparations ou installer du nouveau matériel), les astronautes sortent toujours par deux, pour plus de sécurité.

Dans l'ISS, les astronautes flottent et leurs muscles ne travaillent pas. Pour éviter que ceux-ci ne s'atrophient (qu'ils ne fondent), les astronautes font du sport tous les jours pendant environ 2 heures (vélo, rameur, course sur un tapis roulant, etc.).

UNITÉS D'ÉLITE

Une prise d'otages, une personne armée et violente refusant de se rendre, une mutinerie (révolte) dans une prison, l'arrestation d'un dangereux malfaiteur : autant de situations qui font appel à des policiers ou des militaires spécialement entraînés. Au terme d'une sélection très rigoureuse, les membres de ces unités d'élite (GIGN, RAID, GSG9, SWAT...) reçoivent une formation sans pareille pour accomplir des missions à haut risque où sang-froid et efficacité sont de rigueur.

Au cœur d'une unité d'élite : le GIGN

En France, le GIGN (Groupe d'intervention de la Gendarmerie nationale), qui dépend de l'armée, a été créé en 1974. Parmi ses principales missions figure la lutte contre le terrorisme et le grand banditisme. L'une des interventions les plus spectaculaires du GIGN a eu lieu en 1994, lors du détournement d'un Airbus A300 par des terroristes. Manquant de carburant, l'avion se posa sur l'aéroport de Marseille-Marignane, où l'assaut des hommes du GIGN permit de libérer tous les otages encore vivants, soit plus de 200 personnes.

Une sélection impitoyable

Épreuves sportives et psychologiques s'enchaînant à un rythme soutenu, résistance au froid (dans l'eau glaciale), au manque de sommeil, à la faim : les futurs candidats au GIGN, tous gendarmes de formation, doivent prouver qu'ils peuvent intégrer l'élite. Ci-dessous, une épreuve de nage pieds et poings liés. Un autre test consiste à pénétrer sans masque dans une pièce remplie de gaz lacrymogène. Il faut y recueillir rapidement des informations sans se laisser gagner par la panique provoquée par la suffocation.

Une formation d'exception pour sauver des vies

Les candidats retenus aux épreuves de sélection suivent une formation durant laquelle ils apprennent aussi bien les techniques d'intervention que le tir, le parachutisme, la plongée, l'aérocordage (descente en rappel d'un hélicoptère, corde lisse...), la conduite rapide. Des stages permettent ensuite de se perfectionner dans un domaine : plongée d'intervention (A), chute opérationnelle (B). Tout au long de leur carrière, les gendarmes du GIGN ne cessent de se former et de s'entraîner. Les reconstitutions (simulations de prises d'otages, par exemple) ont lieu... à balles réelles !

L'image A montre un exercice de prise d'assaut par un plongeur d'intervention d'un navire tenu par des pirates. Les chuteurs opérationnels (image B) effectuent des chutes libres à partir d'un avion à plusieurs milliers de mètres d'altitude. Ils doivent pouvoir se poser en toute discrétion.

Ces membres du GIGN et un chien d'assaut s'apprêtent à investir un bâtiment. L'homme en première position porte un bouclier qui résiste aux impacts de balles. La tenue comporte un casque et un gilet pare-balles. La force n'est employée qu'en dernier recours, lorsque toutes les tentatives de négociation avec les malfaiteurs ont échoué.

Les unités d'élite dans le monde

La plupart des grands pays du monde possèdent des unités d'élite comme le GIGN, capables de mener à bien des opérations à haut risque.

Le **GSG9** est l'unité d'élite de la police fédérale allemande. Il opère sur terre, en mer et dans les airs. Ses missions principales sont la lutte contre le terrorisme et la chasse aux criminels les plus dangereux. Ci-dessus, des membres du GSG9 prennent d'assaut un appartement où s'est retranché un individu lourdement armé.

Le **SWAT** est l'unité spéciale des forces de police aux États-Unis. Prises d'otages, actions terroristes, arrestations dangereuses, lutte contre les gangs organisés : ils gèrent les situations les plus délicates et les plus dangereuses. Ci-dessus, un hélicoptère du SWAT se pose sur le toit d'un immeuble occupé par un homme armé.

SOLDATS DU FEU

S'il rend de grands services à l'homme, le feu s'avère aussi l'un de ses pires ennemis. Chaque année, les incendies causent de terribles ravages et font des milliers de victimes dans le monde. Pour les maîtriser, on fait appel aux pompiers. Professionnels ou volontaires, ceux-ci exercent une activité périlleuse qui demande beaucoup d'entraînement et des équipements spéciaux. Alliés des pompiers pour éteindre les feux de forêt, les pilotes de Canadair combattent le feu par la voie des airs.

Combattre le feu

Un petit feu peut vite devenir un gigantesque brasier s'il trouve suffisamment d'air et de combustible pour se développer. Les pompiers doivent agir vite ! Sitôt alertés, ils sautent dans leurs camions et quittent la caserne toutes sirènes hurlantes. En présence d'un feu d'habitation, ils doivent évacuer au plus vite les personnes prisonnières des flammes et, à l'aide de leurs lances à incendie, s'attaquer au foyer principal pour empêcher la propagation du feu. Le tout en tenant compte des risques d'explosion, des fumées toxiques ou encore des plafonds qui peuvent s'effondrer ! Pour se protéger, ils portent une tenue spéciale à l'épreuve de la chaleur extrême et des flammes, ainsi qu'un casque et un masque respiratoire.

La grande échelle est déployée pour atteindre les étages supérieurs d'un bâtiment. Un pompier ne doit pas avoir le vertige, car elle mesure 30 m de haut !

Les pompiers travaillent toujours par équipes de deux. Celui qui est devant est appelé le porte-lance. Son équipier l'aide à manœuvrer la lance et notamment à diriger le jet très puissant.

Le pilote de Canadair

Pour lutter contre les feux de forêt, on fait appel aux pompiers, qui combattent le feu au sol, mais aussi à des professionnels bien particuliers, les pilotes de Canadair. Ces avions permettent de prendre de l'eau dans les lacs proches ou dans la mer (l'équivalent de 6 000 litres), puis de déverser cette charge d'une seule traite sur les flammes, ce qui déstabilise fortement l'avion et demande une grande maîtrise de l'appareil. Comble du risque, le pilote vole à basse altitude au-dessus du brasier, dans le dédale des reliefs, au milieu des turbulences et des vents parfois violents !

S.O.S. feu d'avion !

Un départ d'incendie sur un avion est particulièrement dangereux, car si les flammes atteignent les réservoirs de kérosène (un carburant très concentré), c'est l'appareil tout entier qui s'embrase et risque d'exploser à tout moment ! Parfois, c'est la vie de centaines de personnes qui est menacée. Dans les aéroports, des pompiers spécialement entraînés se tiennent prêts à intervenir au moindre incident. Ils portent une combinaison résistant aux températures très élevées engendrées par l'inflammation du carburant.

Devenir jeune sapeur-pompier

Dès l'âge de 10 ans, un enfant, garçon ou fille, peut s'initier au métier de pompier. Encadré par des pompiers professionnels ou volontaires, il porte un uniforme un peu différent de celui des grands, fait du sport, apprend à connaître et pratiquer les gestes qui sauvent. Il découvre aussi les techniques de lutte contre l'incendie et s'entraîne à utiliser le matériel (ci-contre, une lance à incendie).

SAUVETEURS DE L'EXTRÊME

Un terrible attentat comme celui du World Trade Center en 2001, un naufrage en mer, un accident en haute montagne : autant de situations extrêmes qui mobilisent des secouristes entraînés. Parmi eux figurent des bénévoles expérimentés mais aussi de nombreux professionnels (des équipes de pompiers ou de gendarmes spécialisés, des policiers, des militaires). Face au danger, face à l'urgence, ils doivent agir avec efficacité et rapidité pour sauver des vies.

Les secouristes du World Trade Center

Le 11 septembre 2001, deux Boeing détournés par des terroristes percutent les tours jumelles du World Trade Center, à New York, aux États-Unis. À l'intérieur, les gens se ruent vers les escaliers de secours, les ascenseurs ne fonctionnant plus. Bravant le danger, les pompiers grimpent jusqu'aux étages en flammes. Moins d'une heure après l'impact, la tour Sud s'effondre, suivie de la tour Nord. Ce tragique attentat a fait 2 973 victimes, dont 343 pompiers et 60 policiers secouristes.

Travaillant au milieu des décombres, secouristes et ouvriers ont inhalé des matières toxiques telles que l'amiante ou le plomb. Beaucoup ont développé par la suite des cancers et autres maladies pulmonaires graves.

Après l'effondrement des tours, les pompiers ont arrosé jour et nuit les décombres fumants. Ils ont exploré chaque cavité pouvant abriter des rescapés, creusé des tunnels dans les débris instables pour accéder à d'autres refuges. Ainsi, ils ont pu retrouver des survivants.

Sauvetage en mer

Secourir ou périr : telle est la devise des sauveteurs en mer. Jour et nuit, contre vents et marées, ils secourent les bateaux en détresse et les hommes tombés à la mer. Leur bravoure, leur dévouement, ils les paient parfois de leur vie. Tous sont bénévoles. Parmi eux, on trouve beaucoup d'anciens marins mais aussi des militaires et des plaisanciers formés au secours en mer. L'image ci-contre montre un exercice de la SNSM (Société nationale de sauvetage en mer), une association française reconnue d'utilité publique. Les naufragés sont hélitreuillés par un hélicoptère de l'armée.

Haute montagne

En haute montagne, un sauvetage se révèle vite extrêmement périlleux, d'autant plus que les équipes de secours doivent affronter le froid, le brouillard souvent épais et le vent, qui peut souffler avec violence. En France, les gendarmes du PGHM (Peloton de gendarmerie de haute montagne), à gauche, sont formés à l'alpinisme sous toutes ses formes, au ski, à l'escalade, et s'entraînent régulièrement. Ils n'hésitent pas à gravir des parois abruptes ou à descendre dans des crevasses pour porter secours aux personnes en difficulté.

Ici, un exercice du PGHM sur un piton rocheux. Un treuil a été mis en place pour remonter une victime placée sur un brancard.

Ci-dessous, un exercice de sauvetage d'une personne tombée dans une crevasse.

VOLCANOLOGUE

Si, dès la fin du XVIIIe siècle, les géologues se sont intéressés aux volcans, la volcanologie (l'étude des volcans) n'est devenue une discipline à part entière qu'au XXe siècle. Le volcanologue cherche à comprendre le fonctionnement des volcans, tente de retracer leur histoire, surveille leur activité afin de prévoir leurs éruptions et d'éviter des catastrophes. Alternant des missions sur le terrain et un travail en laboratoire, il effectue un métier passionnant, qui allie recherche, voyage, aventure, frissons et suscite de nombreuses vocations.

La passion des volcans

Avant de se spécialiser en volcanologie, le volcanologue a fait des études de géologie, la science qui étudie l'histoire de la Terre et sa composition. Quand il n'est pas dans son laboratoire, ce passionné parcourt le monde pour recueillir des informations sur les volcans au repos ou en activité. Ses missions sont souvent programmées longtemps à l'avance, mais il arrive aussi qu'il doive se rendre d'urgence sur des volcans présentant des signes inquiétants d'activité. Il assiste de très près à leurs manifestations spectaculaires. Ci-dessous, un volcanologue s'approche au plus près d'une bouche éruptive de l'Etna, en Sicile, l'un des volcans les plus actifs au monde.

Certains cratères volcaniques abritent des lacs de lave en fusion. Celle-ci, d'une température de 1 200 °C, bouillonne comme dans un immense chaudron. Certains volcanologues n'hésitent pas à descendre en rappel pour s'en approcher. Mais attention, même en se tenant à quelques dizaines de mètres de distance du lac de lave avec une combinaison de protection, il est impossible de tenir plus de 10 secondes sans risquer d'être gravement brûlé !

Une combinaison spéciale, composée d'aluminium, protège le volcanologue de la chaleur extrême dégagée par la lave en fusion (1 000 °C ou plus). À l'intérieur de cette combinaison dite ignifugée, qui renvoie la chaleur comme un miroir, la température n'est plus que de 44 °C. Contre les projections volcaniques, le volcanologue porte un casque recouvert d'un heaume, également ignifugé.

Étudier les volcans

Sur le terrain, le volcanologue installe divers appareils de surveillance qui vont permettre de détecter les plus petits tremblements du sol, le moindre écartement d'une faille ou encore une déformation de surface du volcan traduisant un gonflement de ce dernier. Ces signes sont autant d'indices laissant présager une éruption. Le volcanologue prélève également des échantillons de lave (A), de roches (B) ou de gaz qu'il va ensuite analyser en laboratoire. Ce travail d'étude occupe une grande partie de son temps.

Une nuée ardente dévale les pentes du volcan Sinabung, en Indonésie, en 2014. La vitesse d'une nuée ardente dépasse souvent 200 km/h.

Fascinant mais dangereux

Par la puissance et l'éclat de leurs manifestations, les volcans inspirent fascination et respect. À tout moment, même le plus chevronné des volcanologues doit rester conscient du danger. Les bombes volcaniques projetées par certains volcans, les gaz toxiques, la croûte durcie qui peut s'effondrer sous leurs pieds sont autant de dangers qui les guettent, sans compter les nuées ardentes, ces redoutables avalanches de gaz et de cendres brûlants. L'une d'elles a emporté les volcanologues Katia et Maurice Krafft en 1991, sur le mont Unzen, au Japon.

PILOTE DE FORMULE 1

La formule 1 est l'une des disciplines majeures des sports automobiles. Une voiture de formule 1 est entièrement conçue pour la vitesse. Elle peut atteindre 360 km/h ! Pour conduire ces bolides, les pilotes doivent posséder des qualités exceptionnelles, aussi bien physiques que mentales. Un Grand Prix de formule 1 se court sur un circuit de 4 à 7 km de long aux multiples virages. Les pilotes s'affrontent sur environ 300 km en deux heures maximum.

Sensations fortes

Piloter une formule 1 procure des sensations extraordinaires et beaucoup d'adrénaline. Le rythme cardiaque s'accélère, avec des pointes à 180 pulsations par minute, alors qu'en temps normal le cœur bat à 70 ou 80 ! Lancé à des vitesses vertigineuses, le pilote doit faire preuve d'une extrême concentration et posséder d'excellents réflexes. Les phases d'accélération et de freinage, le contrôle de la voiture soumettent son corps à rude épreuve et exigent beaucoup de force et d'endurance.

L'Allemand Michael Schumacher détient 7 titres de champion du monde de formule 1, dont 5 consécutifs de 2000 à 2004. Un palmarès inégalé à ce jour !

Le pilote n'a guère de place pour bouger à l'intérieur du cockpit (le poste de pilotage). Ses jambes sont presque allongées. Pour entrer ou sortir, il doit retirer le volant, démontable. Dans le cockpit, la température est très élevée (jusqu'à 55 °C) : durant une course, le pilote perd de 1 à 3 kg tant il transpire !

Grâce à sa forme élancée, dite aérodynamique, la formule 1 fend l'air comme une lame. Un système de freinage puissant lui permet de passer de 300 à 60 km/h en moins de 3 secondes ! Le corps du pilote est alors soumis à une force très importante.

Apprendre à piloter

La plupart des pilotes de formule 1 actuels ont commencé par le karting (à gauche). Le kart est une petite voiture de course monoplace sans carrosserie qui peut atteindre 185 km/h en vitesse de pointe. Dès l'âge de 7 ou 8 ans, un enfant peut apprendre à piloter des karts peu puissants dans un club ou une école de karting.

Des accidents spectaculaires

Pour le pilote de formule 1 lancé à toute vitesse sur un circuit, la moindre erreur ne pardonne pas. Les accidents sont impressionnants et parfois mortels. L'image de droite montre une spectaculaire collision entre Ralf Schumacher et Rubens Barrichello au Grand Prix de Melbourne, en 2002, qui n'a fait, heureusement, aucune victime !

Aujourd'hui, les règles concernant la sécurité des pilotes et des spectateurs sont devenues très exigeantes. Les circuits sont de plus en plus sécurisés et les voitures construites selon des normes strictes. En cas d'incendie, la tenue du pilote est résistante au feu.

CASCADEUR

Poursuites infernales en voiture, bagarres musclées, chute du haut d'un immeuble : dans les films, ce sont la plupart du temps des cascadeurs qui doublent les acteurs pour les scènes d'action périlleuses. Il existe différents types de cascades : automobiles, physiques, équestres, pyrotechniques (scènes avec des explosions, notamment)... De nombreux spectacles mettent également en scène des cascadeurs (par exemple dans les parcs d'attractions). La justice fait parfois appel à eux pour des reconstitutions d'accidents.

Les qualités d'un bon cascadeur

Le cascadeur a le goût du risque. Ce n'est pas pour autant une « tête brûlée ». Il doit connaître ses limites et avoir une conscience aiguë du danger. La peur doit demeurer à tout moment dans son esprit, elle est même un garant de sa sécurité ! En cascade, rien n'est laissé au hasard. Les scènes sont travaillées jusque dans le moindre détail. Chaque geste est parfaitement maîtrisé. Excellente condition physique, rigueur et précision sont indispensables.

Le cascadeur automobile

Rouler en équilibre sur deux roues, traverser un mur de flammes, partir en tonneaux font partie des exploits des cascadeurs automobiles, sans compter les collisions spectaculaires ou les poursuites infernales qui pimentent les films d'action. Pour réaliser des sauts prodigieux (comme sur l'image ci-contre), la voiture s'élance sur des rails invisibles à la caméra, qui lui servent de tremplin. Les véhicules ont un habitacle renforcé par une armature de tubes d'acier. Le pilote est équipé d'une combinaison ignifugée et d'un casque.

Une cascade ne s'improvise pas et demande des heures et des heures de répétitions. Ci-dessus, une impressionnante cascade à moto.

Des risques calculés

Un personnage en proie aux flammes s'extirpant d'une voiture accidentée, un autre s'élançant à travers une fenêtre pour échapper à ses poursuivants : les scènes de cascades sont toujours spectaculaires. La moindre improvisation, et c'est l'accident assuré ! Un cascadeur a appris comment positionner son corps et se réceptionner lors d'une chute. Contre les flammes, il porte des vêtements spéciaux et un gel retardateur qu'il applique sur sa peau. Pour traverser une fenêtre, il s'élance à toute vitesse les deux bras en avant afin de protéger son visage. Le verre n'est pas celui de nos fenêtres : c'est un verre spécial qui ne coupe pas lorsqu'il éclate mais se désagrège en petits morceaux.

Se former

Beaucoup de cascadeurs se sont formés « sur le tas » en travaillant auprès de cascadeurs confirmés. Il s'agit souvent de personnes qui excellent déjà dans une spécialité (pilotage, arts martiaux...). Une formation dans une école de cirque peut être un avantage. Il existe aussi des écoles de cascade qui apprennent les ficelles du métier. À gauche et à droite, des élèves de l'école de cascade Action Training, en France, de renommée internationale. On y apprend tous les types de cascades, les multiples techniques de combat existantes, ou encore le maniement d'armes modernes et anciennes.

ARTISTES DE L'EXTRÊME

Entre ciel et terre ou sous le chapiteau d'un cirque, défiant le vide à plusieurs mètres au-dessus du sol, les trapézistes et les funambules enchaînent d'incroyables prouesses pour le plus grand plaisir des spectateurs, qu'ils tiennent en haleine. Travaillant avec des animaux sauvages, les dompteurs côtoient le danger en permanence pour offrir au public des numéros saisissants. Quand il produit de gigantesques flammes, le cracheur de feu, digne descendant des saltimbanques du Moyen Âge, fait frissonner petits et grands.

Le funambule

Il évolue sur un fil à grande hauteur en s'aidant d'un balancier pour conserver son équilibre. L'image ci-dessous montre le funambule de l'extrême Nik Wallenda, un Américain issu d'une famille d'artistes de cirque, qui ne cesse de relever d'incroyables défis. On le voit ici traverser le Grand Canyon sur un fil à 450 m de hauteur, sans harnais de sécurité ! Il a aussi rejoint sur un fil deux des plus hauts gratte-ciel de Chicago, toujours sans aucune sécurité et... avec un bandeau sur les yeux !

Le cracheur de feu

Il est l'un des personnages phares des spectacles de rue et des arts du cirque. Pour produire des flammes géantes, il crache de l'alcool loin devant lui et l'enflamme avec une torche. Une activité très dangereuse qui requiert un véritable savoir-faire et beaucoup d'expérience. Certains artistes exécutent de nombreux numéros mettant en scène le feu. Ils savent par exemple jongler avec des torches enflammées.

Les trapézistes

Ils travaillent en duo ou au sein d'une troupe. Le voltigeur (A) s'élance dans les airs à partir d'une plate-forme et enchaîne différentes figures, effectuant jusqu'au quadruple saut périlleux ! Il est rattrapé in extremis par le porteur (B). Un exercice des plus périlleux, qui demande beaucoup d'entraînement et une parfaite synchronisation, surtout lorsque le voltigeur pimente l'exercice en s'élançant les yeux masqués.

★ ★ ★ ★ ★ ★ ★ ★ ★ ★

Le dompteur

Capable de faire sauter un tigre dans un cerceau de flammes ou de mettre sa tête dans la gueule grande ouverte d'un lion, le dompteur commence souvent très tôt le dressage de ces grands fauves (lorsqu'ils sont âgés de 8 mois environ). Il établit avec eux une relation fondée sur la confiance et la douceur, ne les force jamais, ni ne les brutalise. Il doit aussi faire preuve d'une autorité suffisante et en cela le ton de la voix est très important. Mais attention, les fauves restent des animaux sauvages, parfois imprévisibles ! Les accidents sont fréquents.

D'AUTRES MÉTIERS

Par passion, par vocation, pour le goût du risque ou de l'imprévu, loin d'une vie routinière, des hommes exercent des métiers extrêmes. Ils bravent les pires tempêtes, escaladent les plus hautes cimes, descendent dans les grands fonds ou sillonnent les points chauds de la planète, caméra au poing. Une solide expérience est nécessaire, car pour ces professionnels de l'extrême le danger n'est jamais bien loin.

Les images de l'extrême

Le videoman (ci-dessus) filme les compétitions de haute voltige, les baptêmes de l'air, en chute libre à plus de 200 km/h ! Ce parachutiste chevronné, doublé d'un cadreur hors pair, doit rester concentré sur l'objectif tout en tenant compte de ce qui se passe hors champ : un exercice des plus périlleux ! D'autres professionnels de l'image grimpent avec les montagnards, s'approchent au plus près des volcans, plongent avec les requins (ci-dessous). En vue d'une publication, d'un documentaire, ils recueillent, dans des conditions exceptionnelles, les images de l'extrême.

Même à l'abri dans une cage solide, photographier ou filmer le grand requin blanc n'est pas sans danger. Il arrive que ce dernier s'attaque à la cage, en saisisse les barreaux entre ses dents et l'agite violemment en secouant ses occupants !

Les lignards

Ils escaladent les pylônes électriques à plusieurs dizaines de mètres de hauteur. Leur mission : réparer et entretenir les lignes à haute tension, qui véhiculent un courant mortel de 63 000 à 400 000 volts. Pour éviter tout risque d'accident (brûlures graves et même électrocution), la ligne sur laquelle ils interviennent est le plus souvent mise hors tension. Le travail sous tension exige des mesures de sécurité rigoureuses. Les lignards portent des gants isolants et des chaussures spéciales.

Les cordistes

Au mépris du vide, ces travailleurs acrobatiques, formés à l'alpinisme, se hissent au sommet des structures les plus vertigineuses (viaducs, gratte-ciel, cathédrales...), là où aucun échafaudage ne peut être installé. Peintres, maçons, laveurs de vitres, soudeurs, ce sont eux aussi qui installent les illuminations sur les grands monuments, comme la tour Eiffel, ou consolident les falaises pour éviter que des pans ne s'effondrent. Vertige interdit !

Le bûcheron

Harnaché et encordé, il grimpe à la cime des plus hauts arbres pour les abattre. Une activité très risquée, car elle est réalisée dans des conditions instables avec une tronçonneuse imposante et dangereuse. Sur l'image de droite, le bûcheron travaille avec un pilote d'hélicoptère qui emporte le tronc par la voie des airs. Cet exercice, extrêmement périlleux, exige une parfaite synchronisation entre les deux hommes, qui sont en contact radio. À la moindre erreur, le tronçon coupé risque de venir percuter le bûcheron !

Le marin-pêcheur

Sur le pont et par tous les temps, de jour comme de nuit, il affronte la tempête, les pluies torrentielles, le froid, l'humidité ou un soleil de plomb pour capturer poissons et crustacés. Son métier est l'un des plus dangereux qui soient (24 000 morts par an dans le monde). Les manœuvres sur un bateau soumis à la houle (les ondulations de la mer), les déferlantes glaciales, le manque de visibilité, les ponts glissants, les écueils constituent autant de menaces. Sans compter le risque de croches (quand les filets accrochent un obstacle au fond de l'eau, déstabilisant le bateau au point de le faire chavirer). Un métier pourtant vécu avec passion par ces grands amoureux de la mer que sont les marins-pêcheurs et au sein duquel règne un solide esprit de camaraderie.

Le plongeur-scaphandrier

Il travaille sous l'eau et respire grâce à un tuyau relié à la surface. Mécanicien, soudeur, technicien de maintenance..., il opère sur toutes sortes d'installations (zones portuaires, structures immergées des barrages, des ponts, des plates-formes pétrolières...). D'autres catégories de plongeurs peuvent participer à des fouilles archéologiques ou à des opérations de déminage (plongeurs démineurs de l'armée). Toutes ces tâches, effectuées dans un environnement hostile (froid, obscurité, courants), exigent un grand professionnalisme. Au-delà de 200 m de profondeur, beaucoup d'opérations sont effectuées par des robots submersibles.

Le grand reporter

Travaillant pour un journal, une agence de presse, la radio ou la télévision, ce journaliste couvre les grands événements aux quatre coins de la planète. Il peut s'agir d'un tremblement de terre, d'un attentat, d'un conflit... Sa mission : témoigner, parfois au péril de sa vie. Dans les pays en guerre, vêtu d'un gilet pare-balles et d'un casque de sécurité, il peut à tout moment être victime d'une balle ou d'un tir de mortier, sauter sur une mine ou mourir dans un bombardement, quand il n'est pas pris en otage et menacé d'être exécuté. Chaque année, une centaine de reporters sont tués dans le monde.

TABLE DES MATIÈRES

MDS : 661187
ISBN : 978-2-215-14339-0

Dépôt légal à la date de parution.
Conforme à la loi n° 49-956 du 16 juillet 1949
sur les publications destinées à la jeunesse.
Imprimé en Italie (09/15).

FLEURUS

1